17 Mars 1895

CATALOGUE

DE

60 TABLEAUX

PAR

Mme Euphémie MURATON

FLEURS, FRUITS, ANIMAUX

ET

NATURES MORTES

VENTE

HOTEL DROUOT, SALLE N° 8

Le Lundi 18 Mars 1895, à 2 heures 1/2

COMMISSAIRE-PRISEUR	EXPERT
Me P. CHEVALLIER	**M. Eug. FÉRAL**, peintre
10, rue de la Grange-Batelière, 10	54, rue du Faubourg-Montmartre, 54

EXPOSITIONS

PARTICULIÈRE : *Le Samedi 16 Mars 1895, de 1 heure 1/2 à 5 heures 1/2*

PUBLIQUE : *Le Dimanche 17 Mars 1895, de 1 heure 1/2 à 5 heures 1/2*

ENTRÉE PAR LA RUE GRANGE-BATELIÈRE

CONDITIONS DE LA VENTE

Elle sera faite au comptant.

Les Acquéreurs payeront CINQ POUR CENT en sus des enchères.

Paris. — Imp. de l'Art, E. MOREAU et Cie, 41, rue de la Victoire.

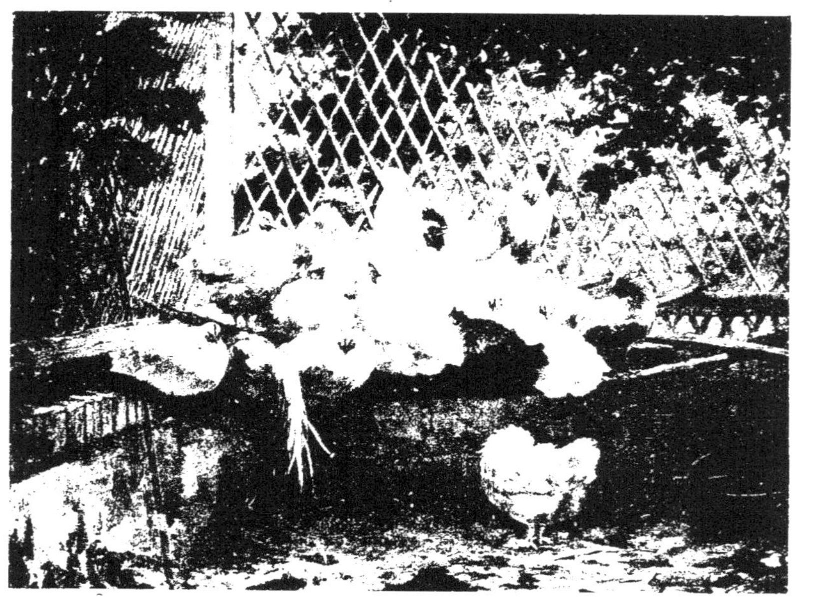

N° 1

DÉSIGNATION

TABLEAUX

1 — La Sieste.

Haut., 1 m. 65 cent.; larg., 2 m. 16 cent.

2 — Chien de berger.

Haut., 1 m. 8 cent.; larg., 1 m. 50 cent.

3 — Au fond du jardin.

Haut., 88 cent.; larg., 1 m. 25 cent.

4 — Attendant le départ.

Haut., 75 cent.; larg., 97 cent.

5 — L'Heureux ménage.

Haut., 70 cent.; larg., 86 cent.

6 — Après le bal.

Haut., 56 cent.; larg., 94 cent.

7 — Le Héron.

Haut., 80 cent.; larg., 1 m. 19 cent.

8 — Le Bord du nid.

Haut., 71 cent.; larg., 56 cent.

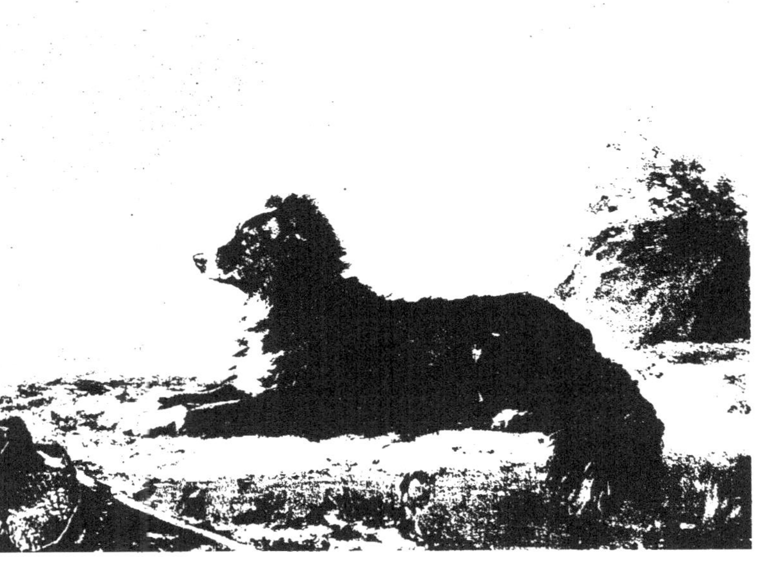

N° 2.

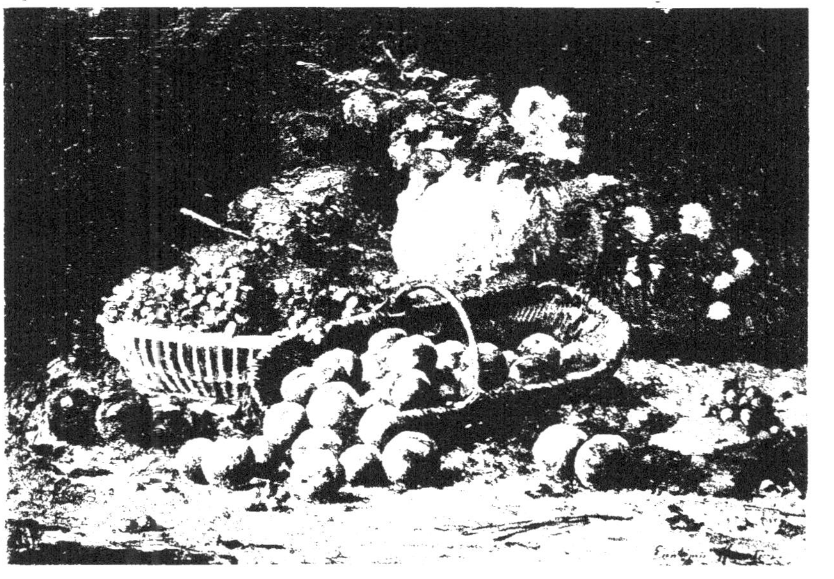

N° 3.

9 — Une famille.

Haut., 69 cent.; larg., 92 cent.

10 — Le Repos.

Haut., 55 cent.; larg., 65 cent.

11 — Pavots, effet de lumière.

Haut., 90 cent., larg., 57 cent.

12 — Bouquet de pavots.

Haut., 73 cent.; larg., 60 cent.

13 — Bourriche de pensées.

Haut., 54 cent.; larg., 65 cent.

14 — Fleurs de mai.

Haut., 59 cent.; larg., 46 cent

15 — Branche de Pêcher.

Haut., 52 cent.; larg., 75 cent.

16 — Bouquet de roses dans un vase bleu.

Haut., 78 cent.; larg., 65 cent.

17 — Fruits tombés.

Haut., 31 cent ; larg., 47 cent.

18 — Cruche normande.

Haut., 66 cent.; larg., 55 cent

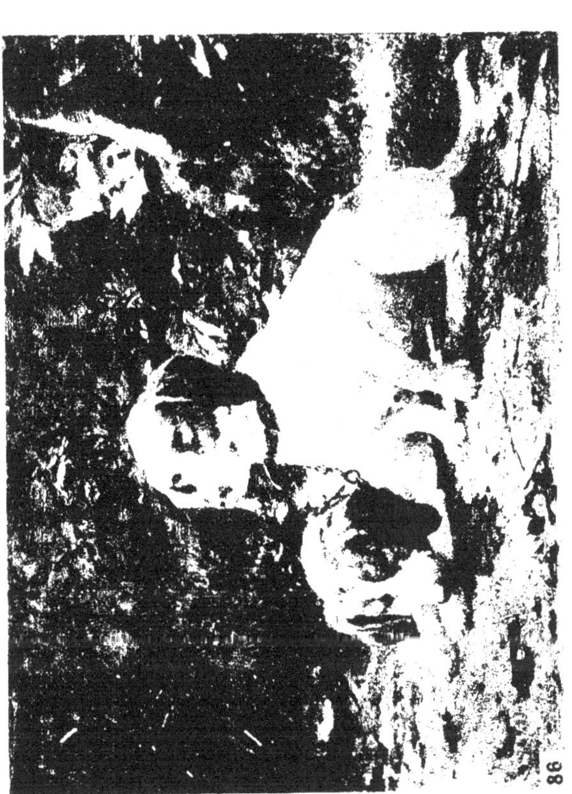

19 — Deux pivoines.

Haut., 45 cent.; larg., 60 cent.

20 — Lanterne.

Haut., 55 cent.; larg., 39 cent.

21 — Roses au soleil.

Haut., 61 cent.; larg., 50 cent.

22 — Abricots.

Haut., 50 cent ; larg., 65 cent.

23 — Bouquet de chrysanthèmes.

Haut., 47 cent.; larg., 64 cent.

24 — Chrysanthèmes dans un cuivre.

Haut., 94 cent.; larg., 76 cent.

25 — Tant-Belle et Rudivaux.

Haut., 35 cent.; larg., 45 cent.

26 — Faisan.

Haut., 52 cent.; larg., 73 cent.

27 — Bouquet de pivoines dans une vasque bleue.

Haut., 60 cent.; larg., 73 cent.

28 — Une perdrix rouge.

Haut., 65 cent.; larg., 47 cent.

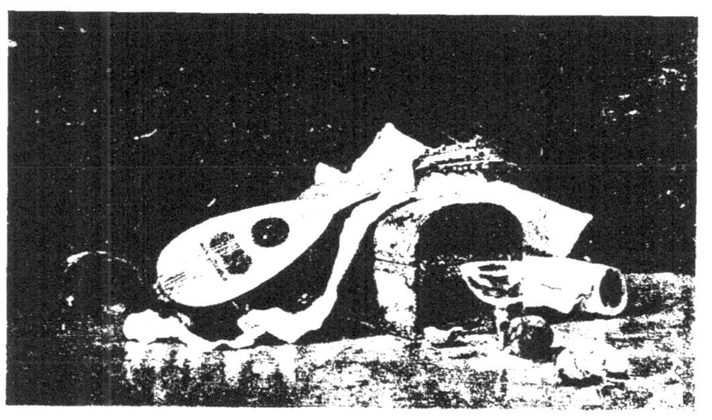

N° 6.

29 — Pivoines sur une étoffe jaune.

Haut., 60 cent.; larg., 73 cent.

30 — Un petit sphinx.

Haut., 46 cent.; larg., 58 cen.

31 — Porte de l'atelier.

Haut., 55 cent.; larg., 39 cent.

32 — Framboises dans un plat en faïence.

Haut., 35 cent.; larg., 51 cent.

33 — Branches de roses trémières.

Haut., 60 cent.; larg., 1 m. 5 cent.

34 — Ananas et oranges.

Haut., 54 cent.; larg., 73 cent.

35 — Une assiette de fraises.

Haut., 33 cent.; larg., 50 cent.

36 — Pêches sur des pierres.

Haut., 35 cent.; larg., 50 cent.

37 — Deux pêches.

Haut., 32 cent.; larg., 45 cent.

38 — Pêches et prunes sauvages.

Haut., 35 cent.; larg., 50 cent.

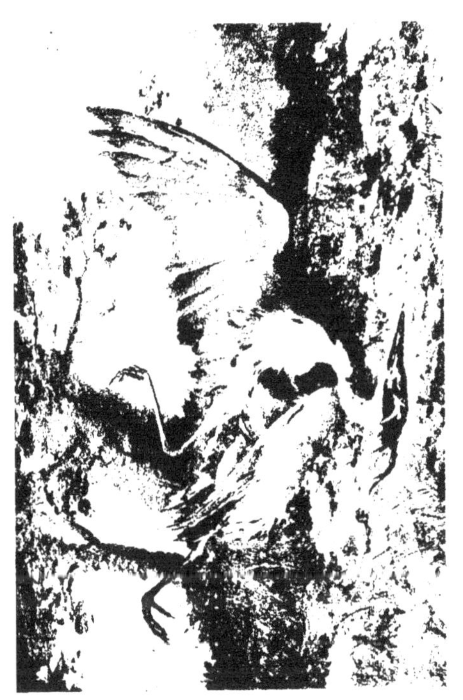

39 — Fruits d'automne.

Haut., 44 cent.; larg., 65 cent.

40 — Pêches dans une corbeille en faïence Louis XVI.

Haut., 53 cent.; larg., 78 cent.

41 — Bouquet de printemps.

Haut., 51 cent.; larg., 75 cent.

42 — Le Rêveur.

Haut., 51 cent.; larg., 74 cent.

43 — Bouquet de lilas.

Haut., 44 cent.; larg., 57 cent.

44 — Pommes rouges et coings.

Haut., 41 cent.; larg., 55 cent.

45 — Prunes sauvages dans une cafetière en cuivre.

Haut., 35 cent.; larg., 50 cent.

46 — Melon coupé.

Haut., 37 cent.; larg., 54 cent.

47 — Branches de prunier sauvage et pêcher.

Haut., 34 cent.; larg., 50 cent.

48 — Pêches sous une feuille de chou.

Haut., 37 cent.; larg., 57 cent.

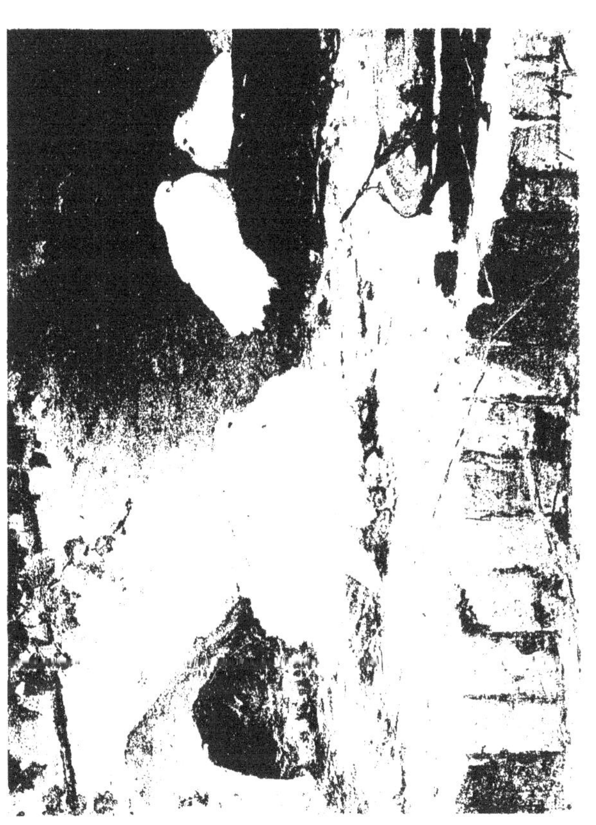

49 — Branches d'abricots sur un mur.

Haut., 32 cent.; larg., 47 cent.

50 — Cerises et groseilles.

Haut., 34 cent.; larg., 45 cent.

51 — Raisin noir et fruits d'automne.

Haut., 39 cent.; larg., 57 cent.

52 — Un goûter.

Haut., 61 cent., larg., 50 cent.

53 — Pêches sur un terrain.

Haut., 34 cent.; larg., 50 cent.

54 — Le Petit malade.

Haut., 50 cent.; larg., 37 cent.

55 — Le Gardien.

Haut., 73 cent.; larg., 60 cent.

56 — Chiens volés.

Haut., 63 cent.; larg., 1 m. 2 cent.

57 — Bouquet dans un grès.

Haut., 54 cent.; larg., 37 cent.

58 — Abricots dans l'ombre.

Haut., 30 cent.; larg., 47 cent.

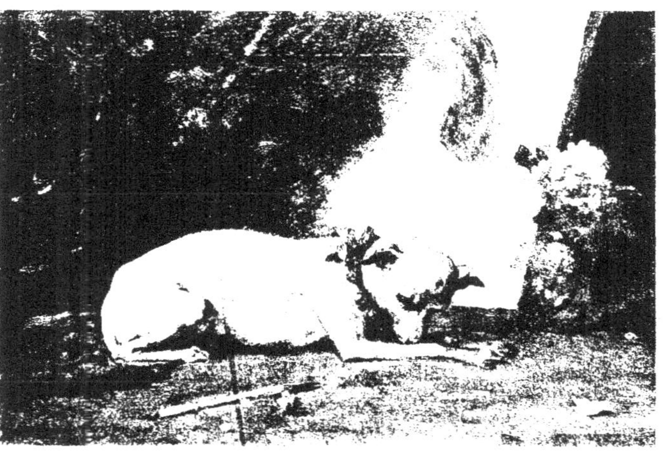

N° 42.

59 — Pivoines blanches dans un vase en étain.

60 — Pêches et prunes Sainte-Catherine.

Haut., 35 cent.; larg., 50 cent.

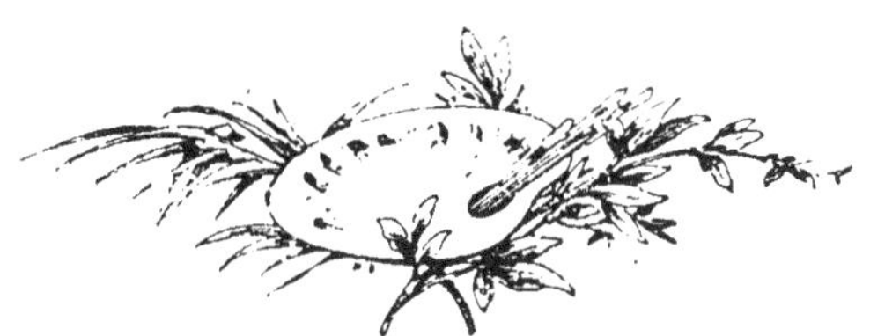

www.ingramcontent.com/pod-product-compliance
Ingram Content Group UK Ltd.
Pitfield, Milton Keynes, MK11 3LW, UK
UKHW020516180726
13839UKWH00005B/2130

9 782329 491707